...ILLUSTRATED BY B.M. KING...

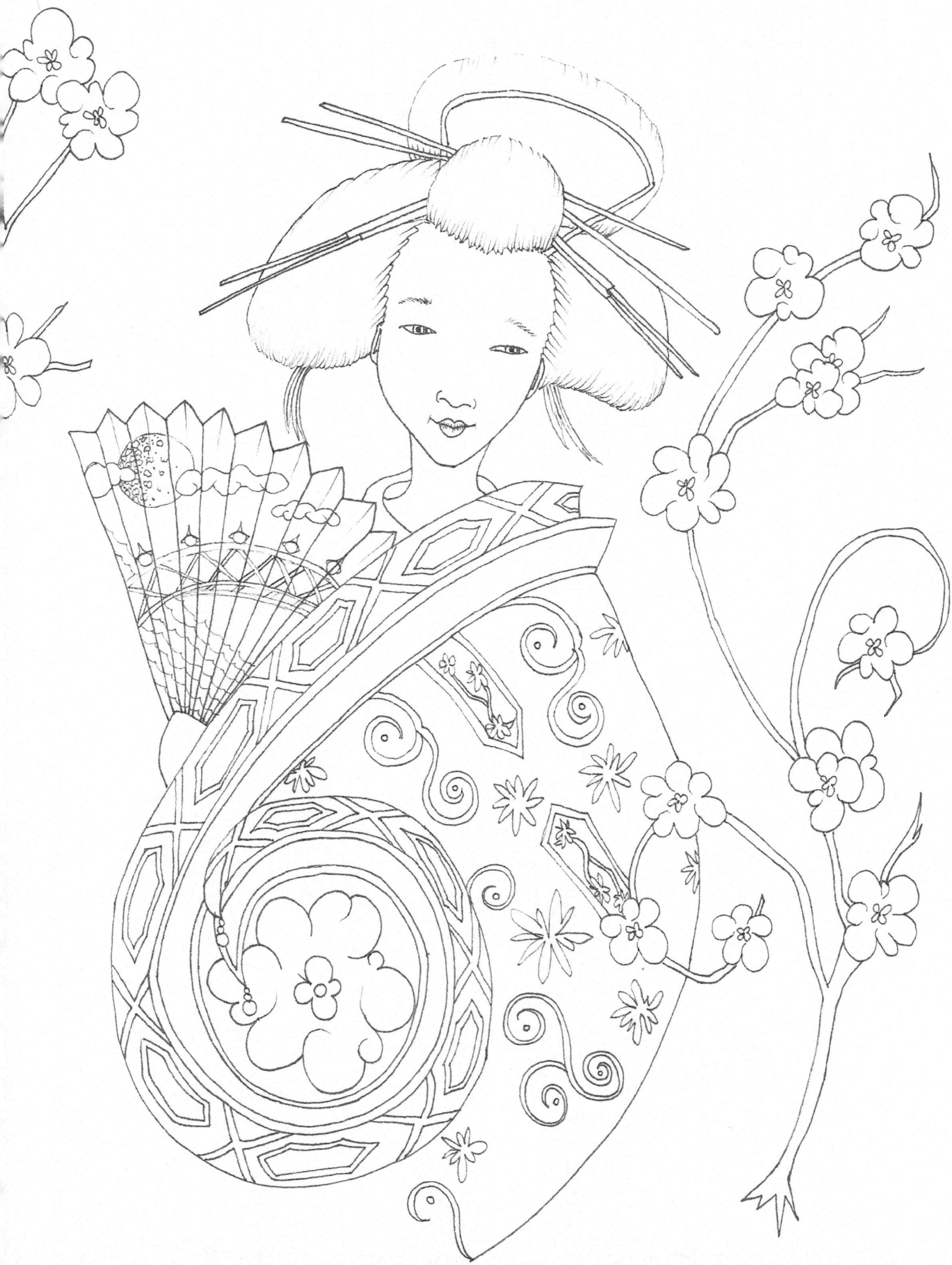

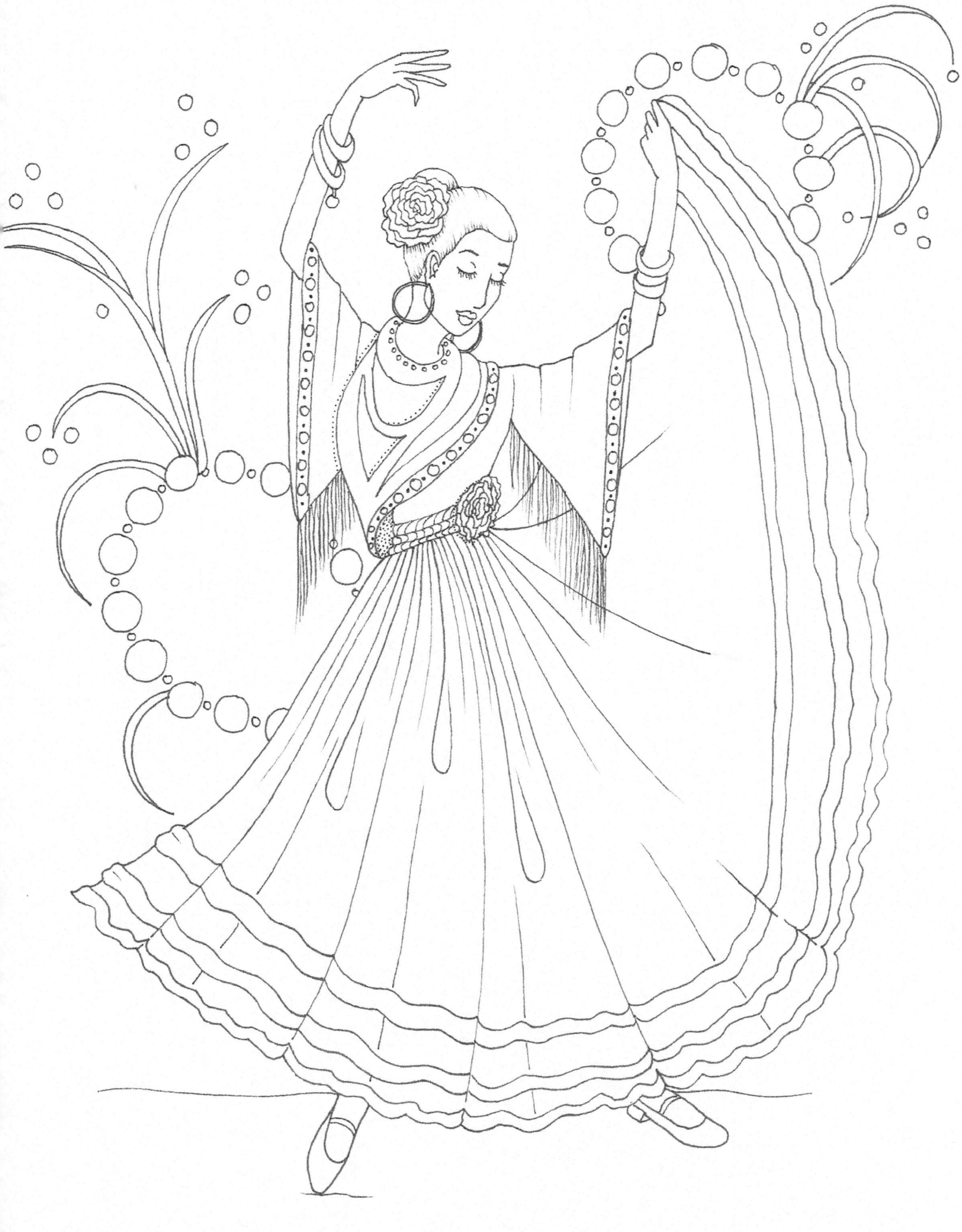

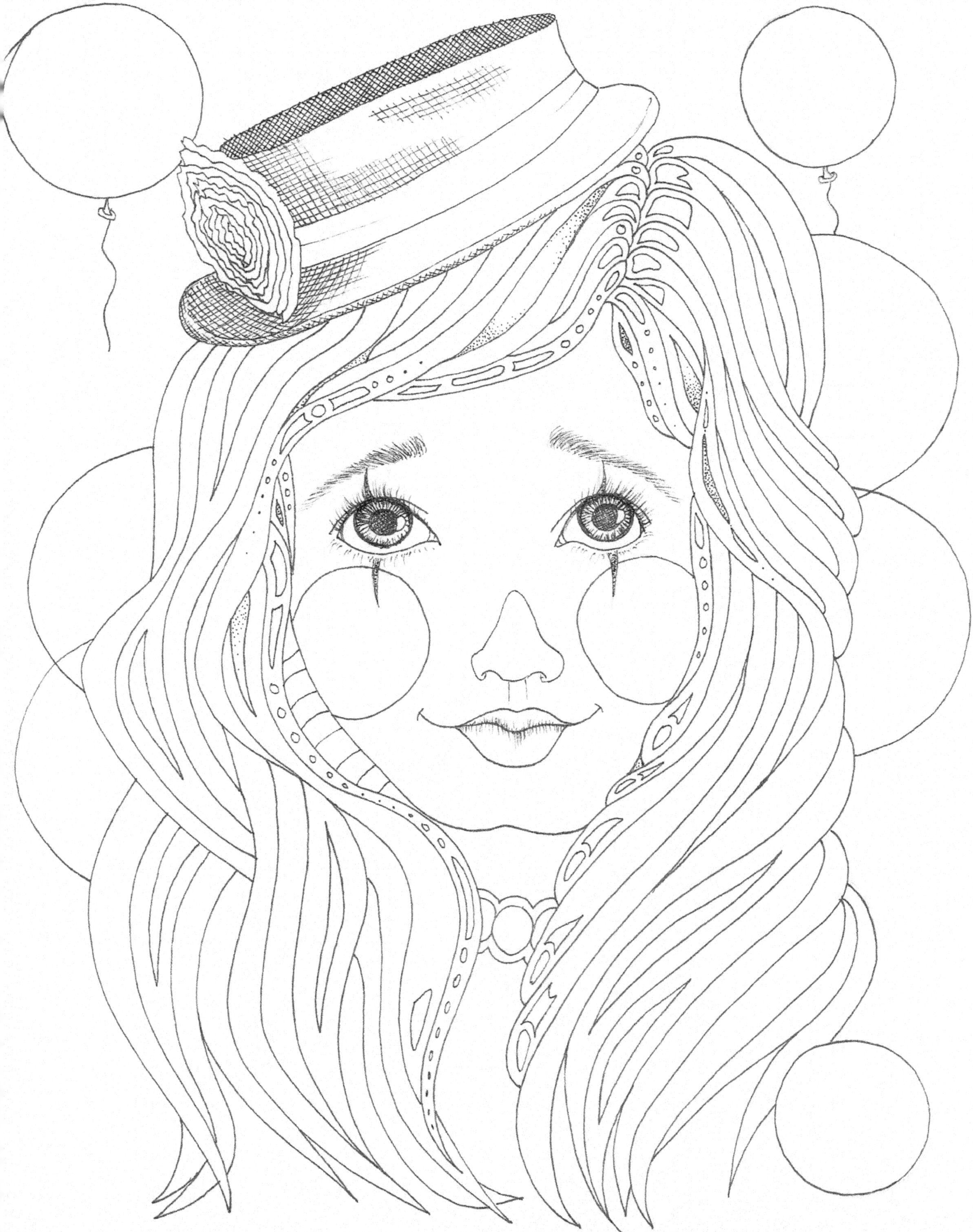

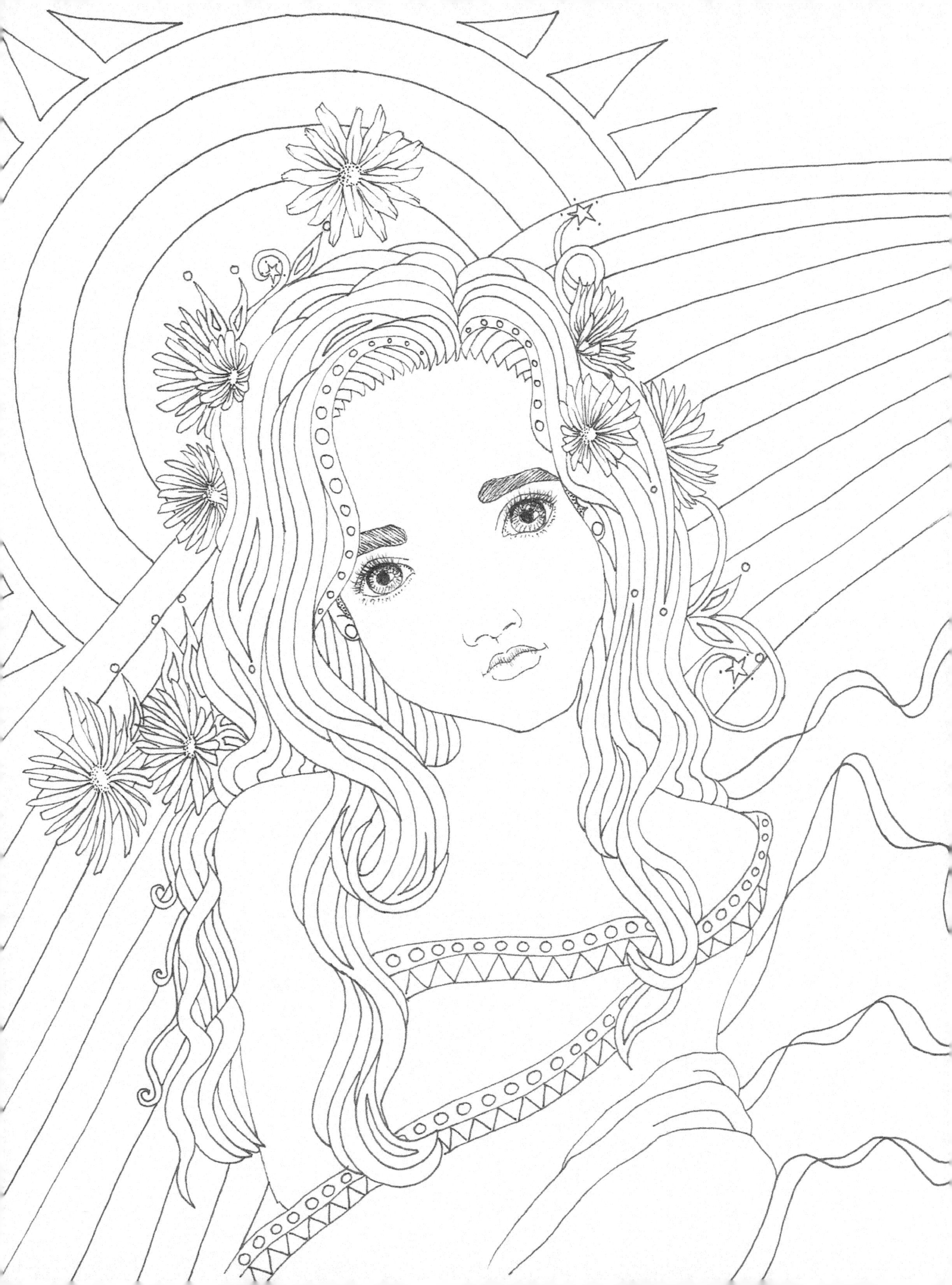

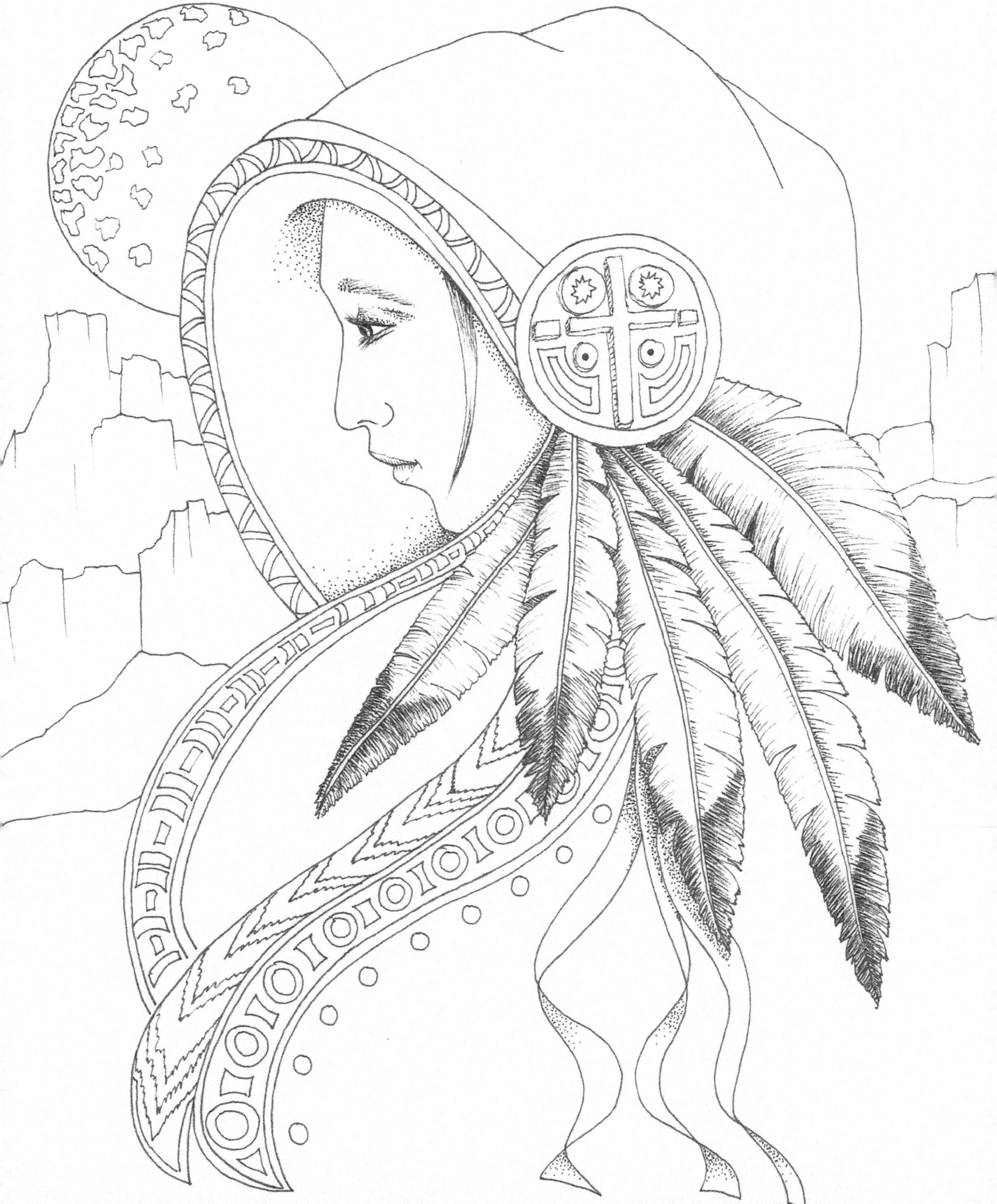

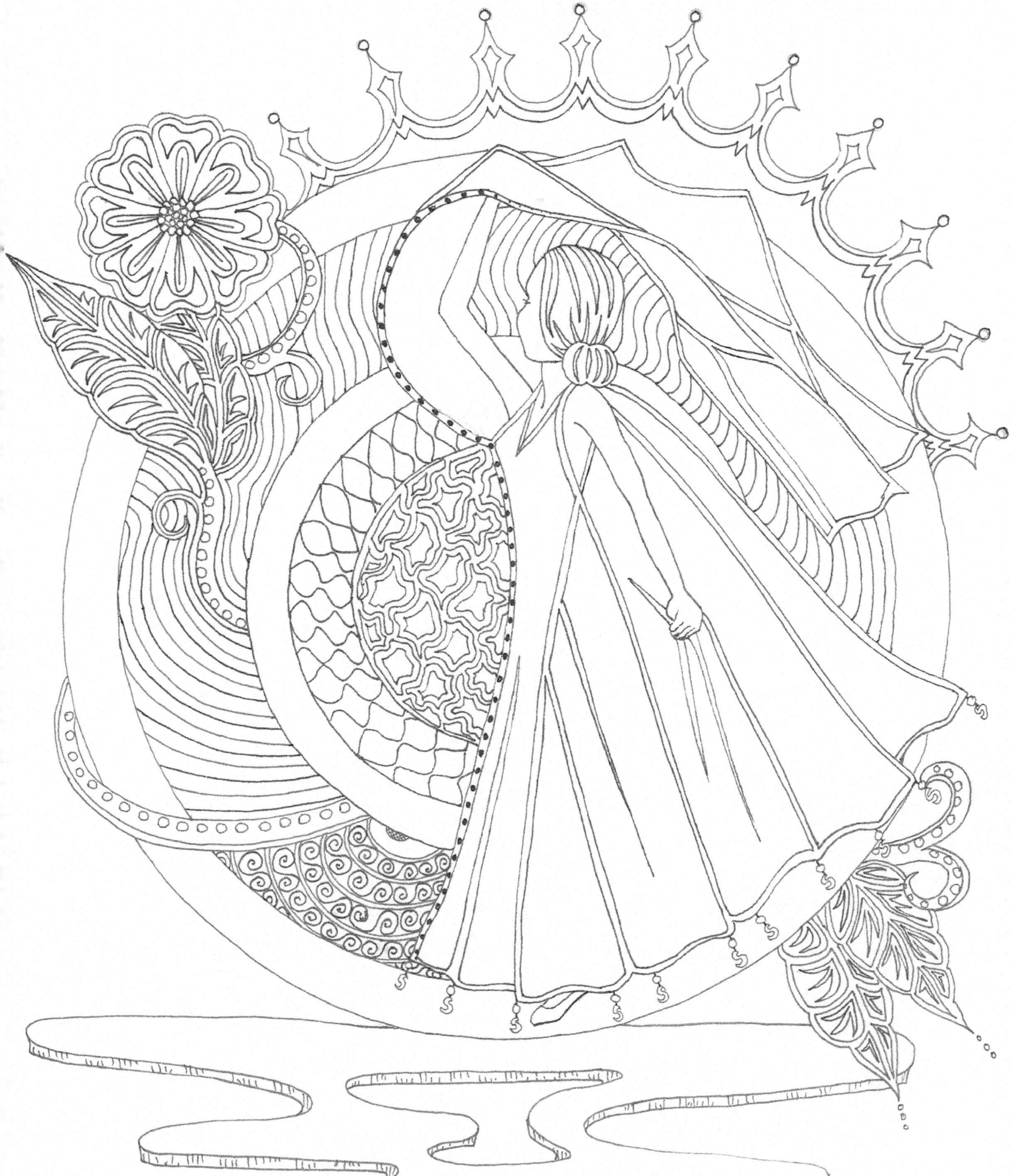

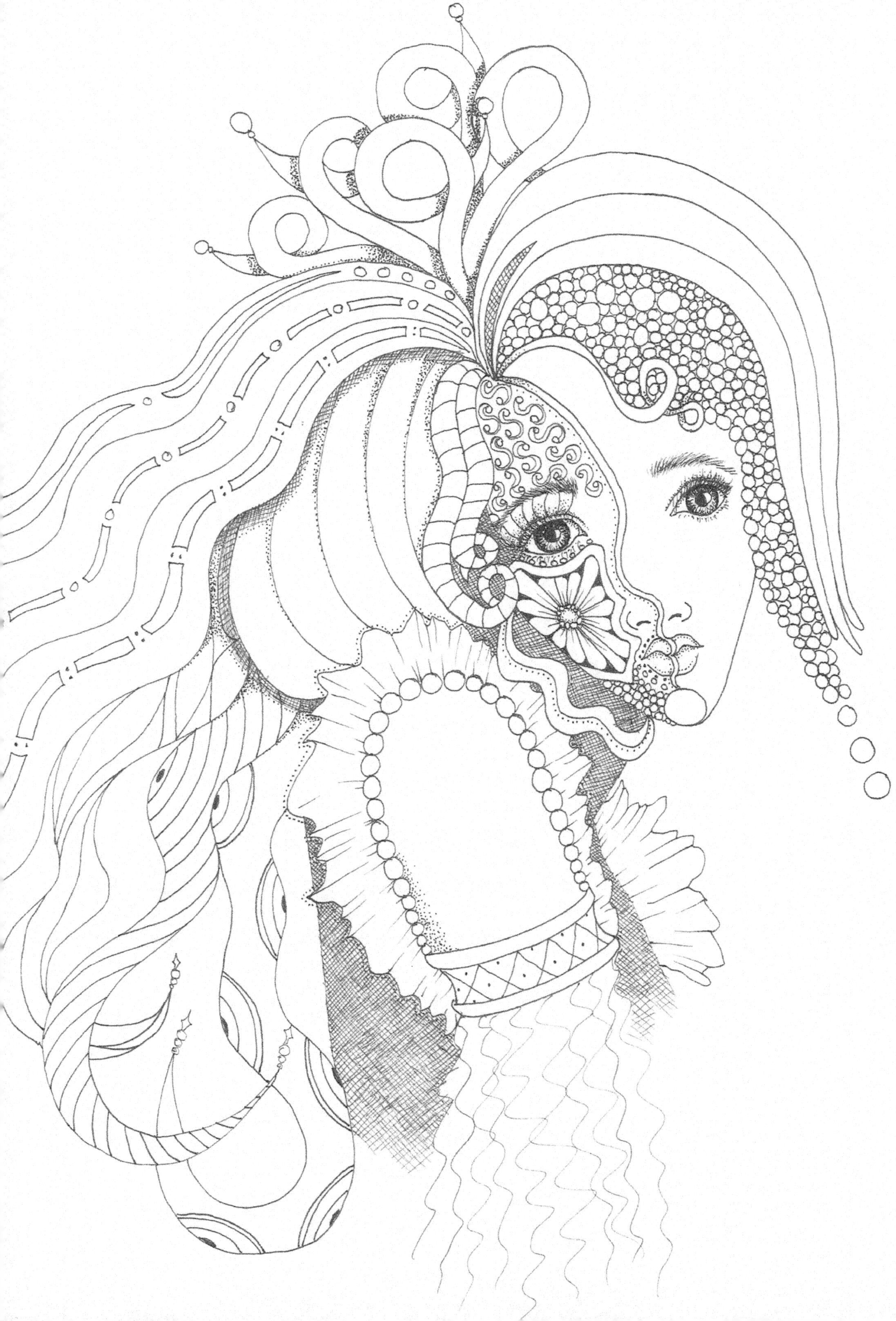

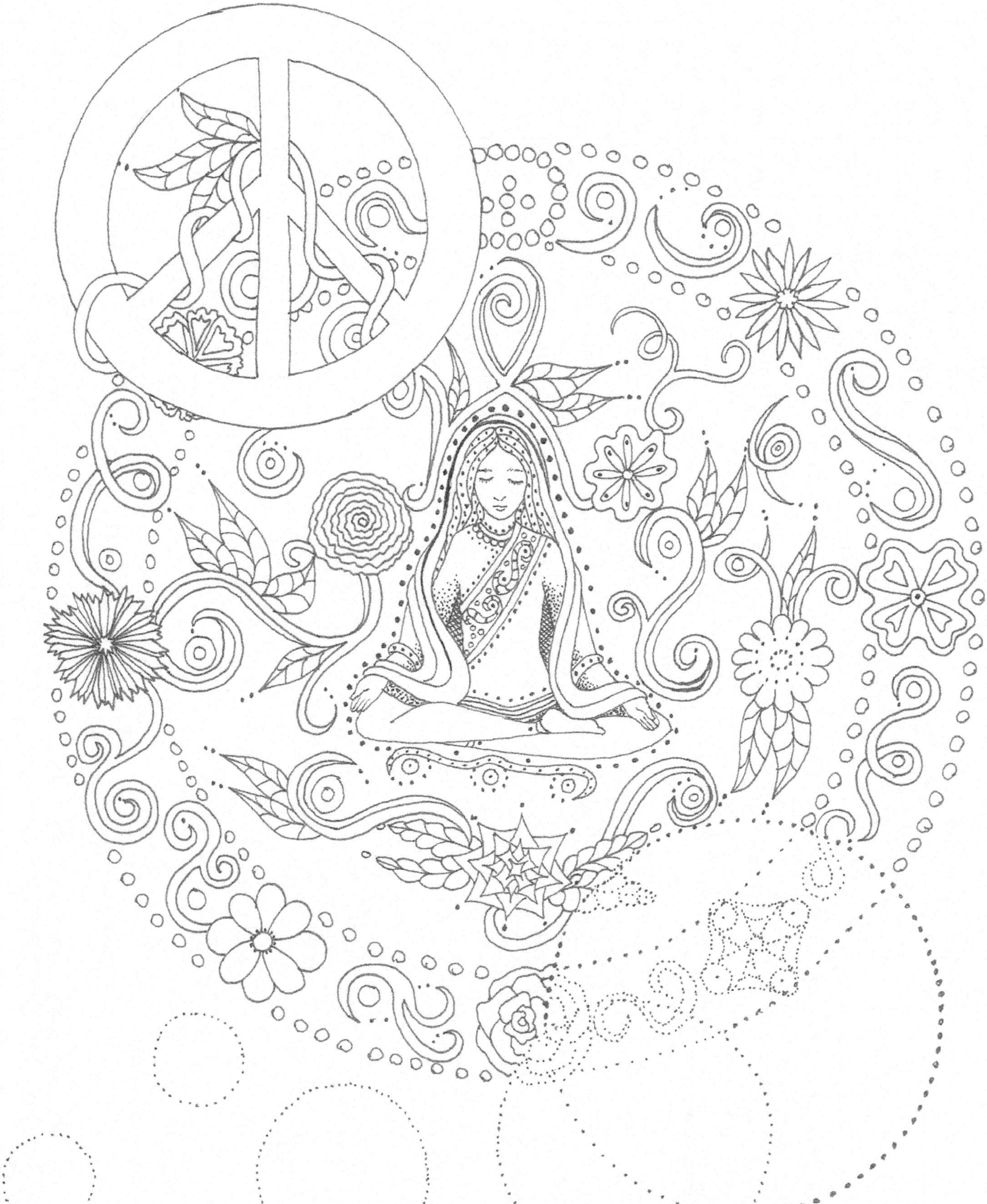

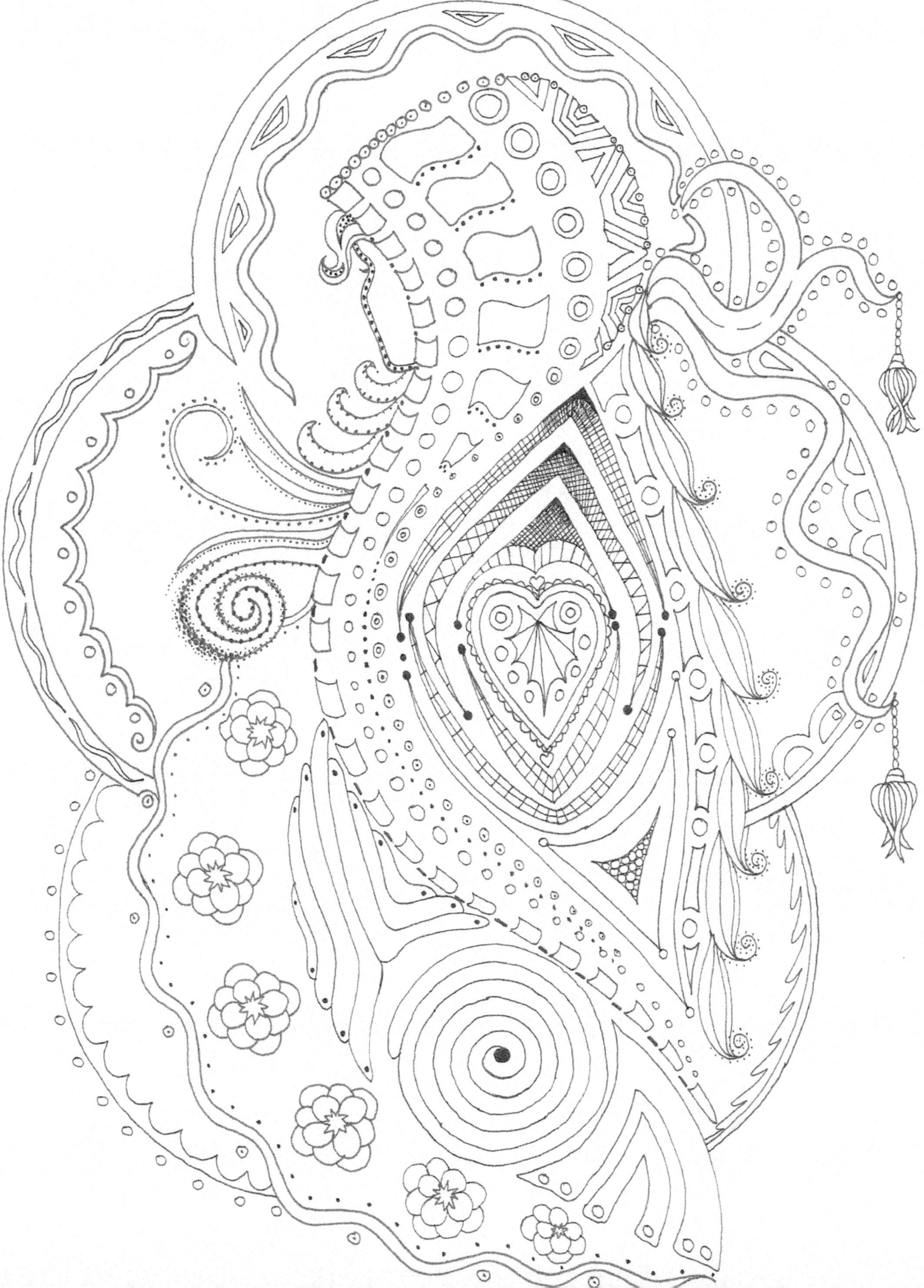

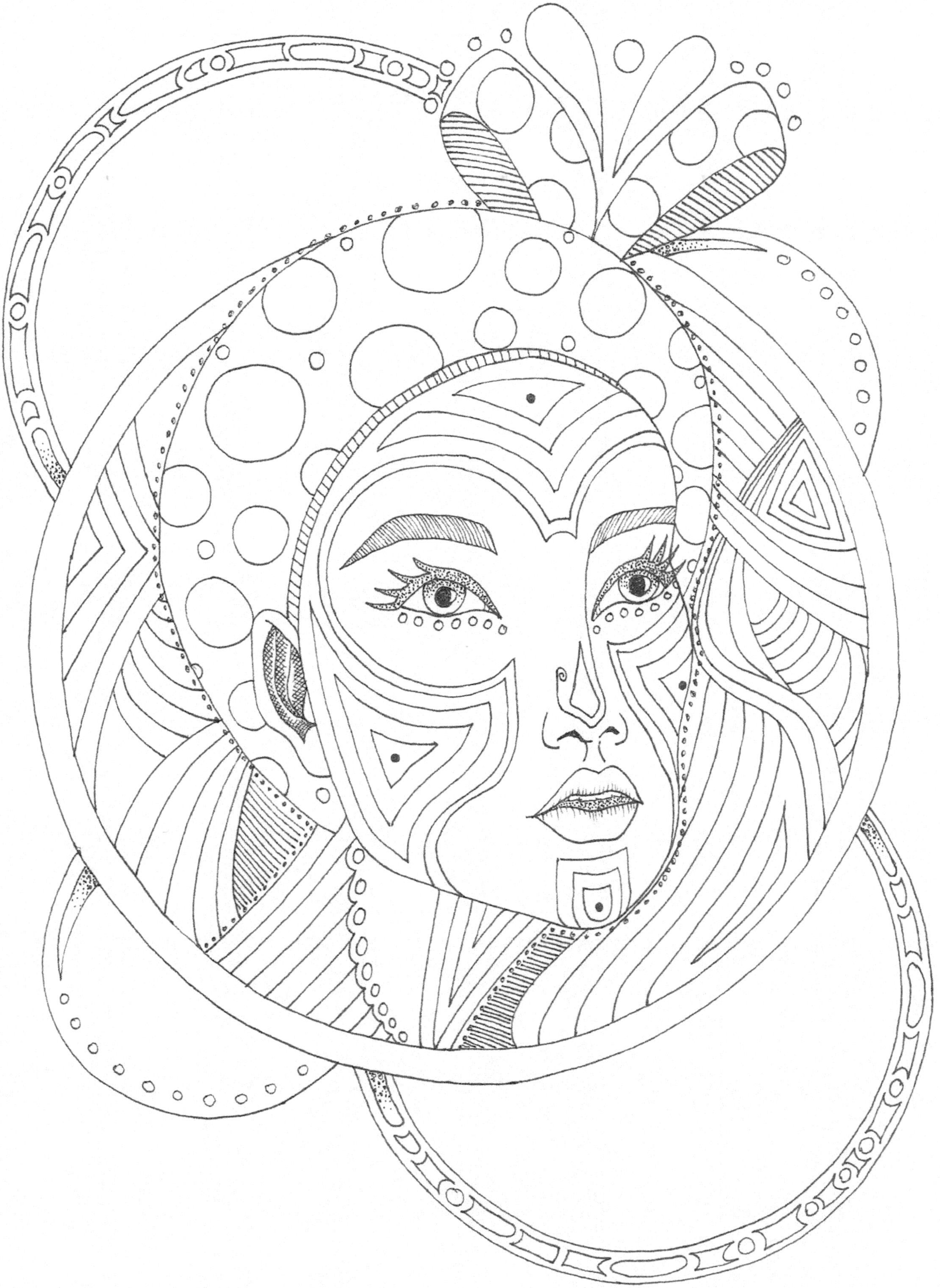

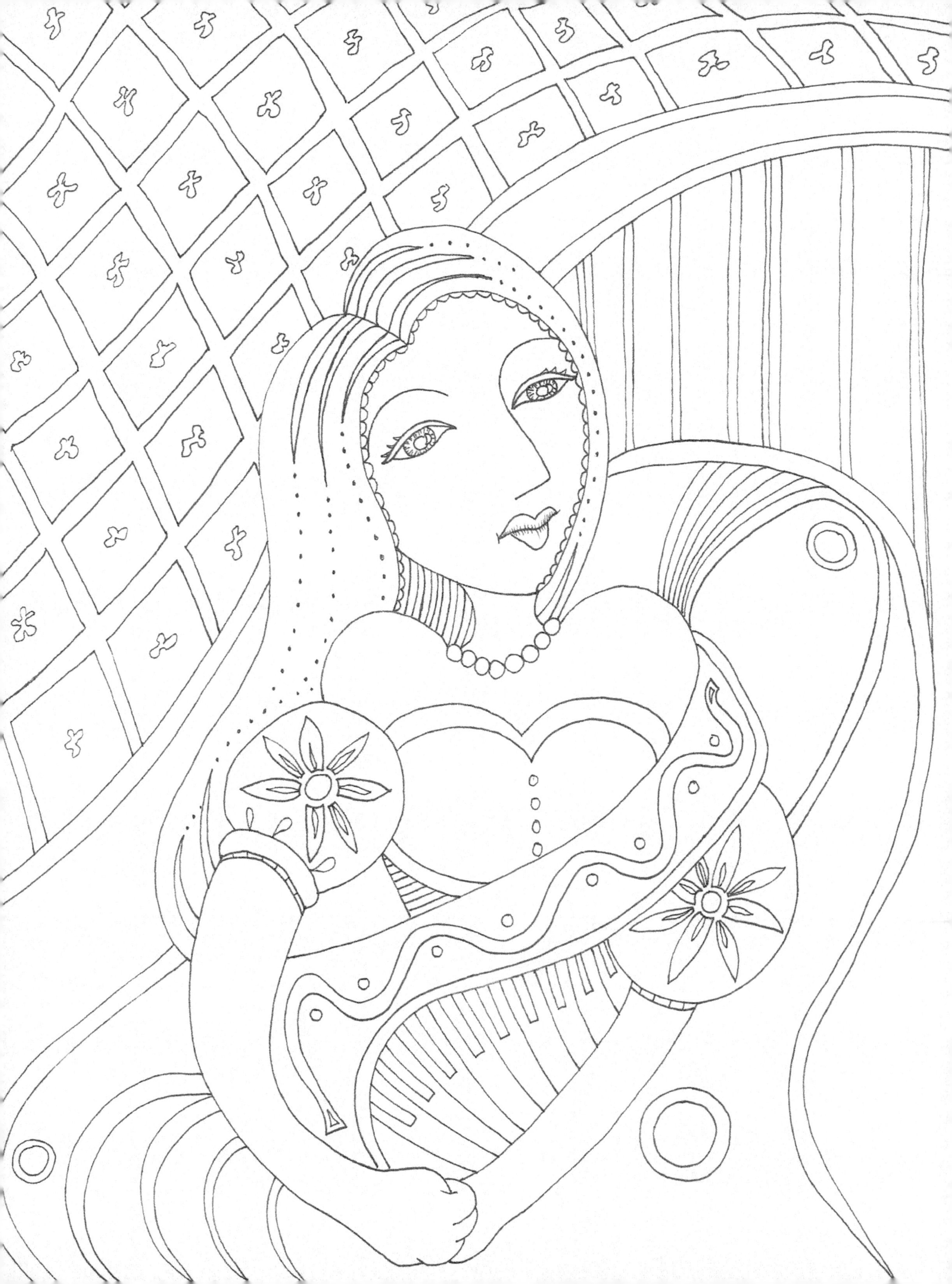

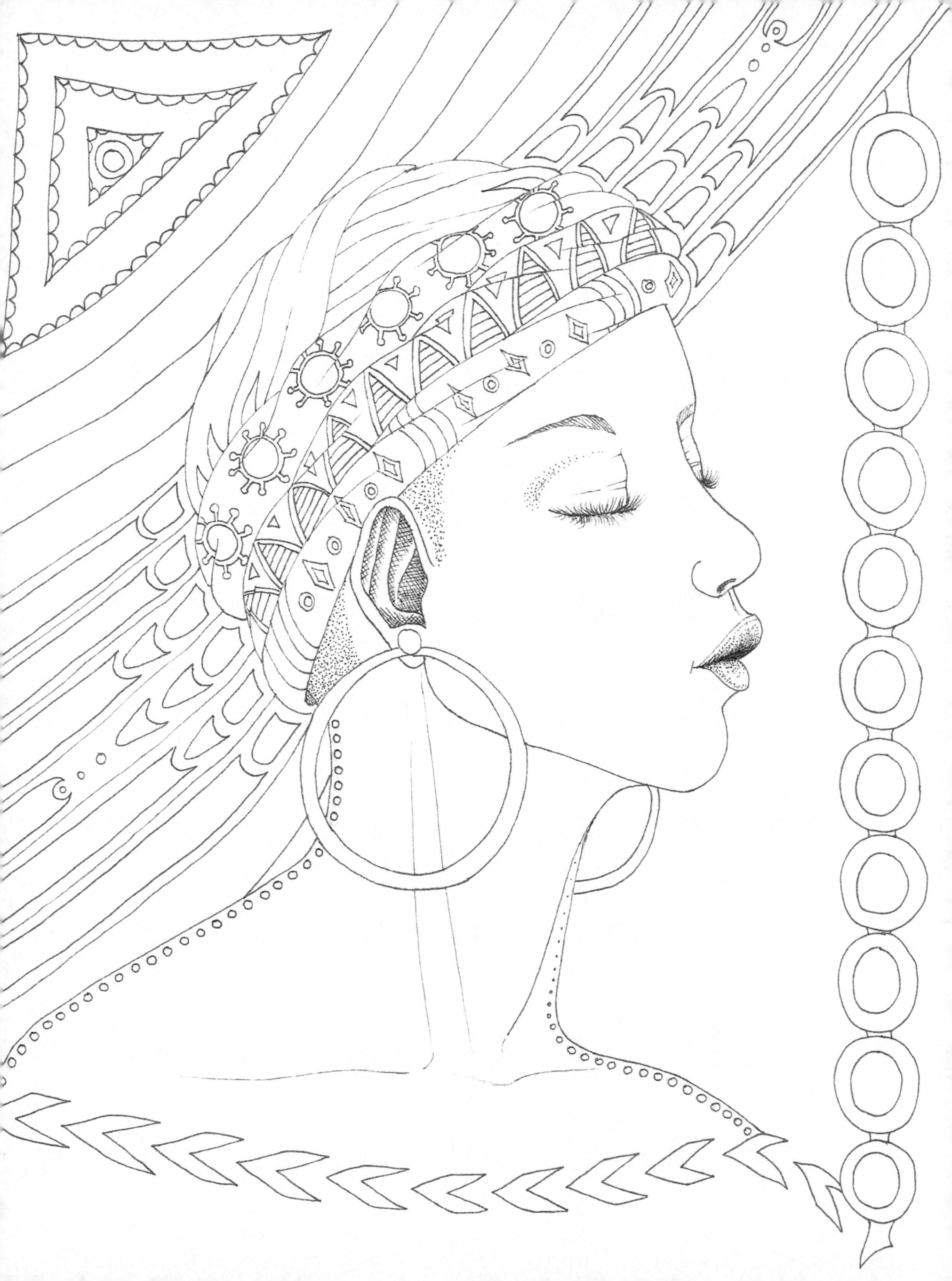

www.ingramcontent.com/pod-product-compliance
Lightning Source LLC
Chambersburg PA
CBHW080646190526
45169CB00009B/3522
* 9 7 8 1 5 3 2 8 2 5 6 7 5 *